全国人民代表大会常务委员会公报版

中华人民共和国
对外关系法

中国民主法制出版社

图书在版编目（CIP）数据

中华人民共和国对外关系法/全国人大常委会办公厅供稿.—北京：中国民主法制出版社，2023.6
ISBN 978-7-5162-3276-7

Ⅰ.①中… Ⅱ.①全… Ⅲ.①外交关系—法的理论—中国 Ⅳ.①D822

中国国家版本馆CIP数据核字（2023）第109352号

书名/中华人民共和国对外关系法

出版·发行/中国民主法制出版社
地址/北京市丰台区右安门外玉林里7号（100069）
电话/（010）63055259（总编室） 63058068 63057714（营销中心）
传真/（010）63055259
http：//www.npcpub.com
E-mail：mzfz@npcpub.com
经销/新华书店
开本/32开 850毫米×1168毫米
印张/1 字数/17千字
版本/2023年6月第1版 2023年6月第1次印刷
印刷/三河市宏图印务有限公司

书号/ISBN 978-7-5162-3276-7
定价/8.00元
出版声明/版权所有，侵权必究。

（如有缺页或倒装，本社负责退换）

目 录

中华人民共和国主席令（第七号）……………（1）

中华人民共和国对外关系法 ……………………（3）

关于《中华人民共和国对外关系法（草案）》的
　　说明 ……………………………………………（14）

全国人民代表大会宪法和法律委员会关于
　　《中华人民共和国对外关系法（草案）》
　　审议结果的报告 ………………………………（23）

全国人民代表大会宪法和法律委员会关于
　　《中华人民共和国对外关系法（草案二次审议稿）》
　　修改意见的报告 ………………………………（27）

中华人民共和国主席令

第七号

《中华人民共和国对外关系法》已由中华人民共和国第十四届全国人民代表大会常务委员会第三次会议于 2023 年 6 月 28 日通过，现予公布，自 2023 年 7 月 1 日起施行。

中华人民共和国主席　习近平
2023 年 6 月 28 日

中华人民共和国对外关系法

(2023年6月28日第十四届全国人民代表大会常务委员会第三次会议通过)

目 录

第一章 总 则
第二章 对外关系的职权
第三章 发展对外关系的目标任务
第四章 对外关系的制度
第五章 发展对外关系的保障
第六章 附 则

第一章 总　　则

第一条　为了发展对外关系，维护国家主权、安全、发展利益，维护和发展人民利益，建设社会主义现代化强国，实现中华民族伟大复兴，促进世界和平与发展，推动构建人类命运共同体，根据宪法，制定本法。

第二条　中华人民共和国发展同各国的外交关系和经济、文化等各领域的交流与合作，发展同联合国等国际组织的关系，适用本法。

第三条　中华人民共和国坚持以马克思列宁主义、毛泽东思想、邓小平理论、"三个代表"重要思想、科学发展观、习近平新时代中国特色社会主义思想为指导，发展对外关系，促进友好交往。

第四条　中华人民共和国坚持独立自主的和平外交政策，坚持互相尊重主权和领土完整、互不侵犯、互不干涉内政、平等互利、和平共处的五项原则。

中华人民共和国坚持和平发展道路，坚持对外开放基本国策，奉行互利共赢开放战略。

中华人民共和国遵守联合国宪章宗旨和原则，维护世界和平与安全，促进全球共同发展，推动构建新型国际关系；主张以和平方式解决国际争端，反对在国际关系中使用武力或者以武力相威胁，反对霸权主义和强权政治；坚持国家不分大小、强弱、贫富一律平等，尊重各国人民自主选择的发展道路和社会制度。

第五条 中华人民共和国对外工作坚持中国共产党的集中统一领导。

第六条 国家机关和武装力量、各政党和各人民团体、企业事业组织和其他社会组织以及公民，在对外交流合作中有维护国家主权、安全、尊严、荣誉、利益的责任和义务。

第七条 国家鼓励积极开展民间对外友好交流合作。

对在对外交流合作中做出突出贡献者，按照国家有关规定给予表彰和奖励。

第八条 任何组织和个人违反本法和有关法律，在对外交往中从事损害国家利益活动的，依法追究法律责任。

第二章　对外关系的职权

第九条 中央外事工作领导机构负责对外工作的决策和议事协调，研究制定、指导实施国家对外战略和有关重大方针政策，负责对外工作的顶层设计、统筹协调、整体推进、督促落实。

第十条 全国人民代表大会及其常务委员会批准和废除同外国缔结的条约和重要协定，行使宪法和法律规定的对外关系职权。

全国人民代表大会及其常务委员会积极开展对外交往，加强同各国议会、国际和地区议会组织的交流与合作。

第十一条 中华人民共和国主席代表中华人民共和国，进行国事活动，行使宪法和法律规定的对外关系职权。

第十二条 国务院管理对外事务，同外国缔结条约和协定，行使宪法和法律规定的对外关系职权。

第十三条 中央军事委员会组织开展国际军事交流与合作，行使宪法和法律规定的对外关系职权。

第十四条 中华人民共和国外交部依法办理外交事务，承办党和国家领导人同外国领导人的外交往来事务。外交部加强对国家机关各部门、各地区对外交流合作的指导、协调、管理、服务。

中央和国家机关按照职责分工，开展对外交流合作。

第十五条 中华人民共和国驻外国的使馆、领馆以及常驻联合国和其他政府间国际组织的代表团等驻外外交机构对外代表中华人民共和国。

外交部统一领导驻外外交机构的工作。

第十六条 省、自治区、直辖市根据中央授权在特定范围内开展对外交流合作。

省、自治区、直辖市人民政府依职权处理本行政区域的对外交流合作事务。

第三章　发展对外关系的目标任务

第十七条　中华人民共和国发展对外关系，坚持维护中国特色社会主义制度，维护国家主权、统一和领土完整，服务国家经济社会发展。

第十八条　中华人民共和国推动践行全球发展倡议、全球安全倡议、全球文明倡议，推进全方位、多层次、宽领域、立体化的对外工作布局。

中华人民共和国促进大国协调和良性互动，按照亲诚惠容理念和与邻为善、以邻为伴方针发展同周边国家关系，秉持真实亲诚理念和正确义利观同发展中国家团结合作，维护和践行多边主义，参与全球治理体系改革和建设。

第十九条　中华人民共和国维护以联合国为核心的国际体系，维护以国际法为基础的国际秩序，维护以联合国宪章宗旨和原则为基础的国际关系基本准则。

中华人民共和国坚持共商共建共享的全球治理观，参与国际规则制定，推动国际关系民主化，推动经济全球化朝着开放、包容、普惠、平衡、共赢方向发展。

第二十条　中华人民共和国坚持共同、综合、合作、可持续的全球安全观，加强国际安全合作，完善参与全球安全治理机制。

中华人民共和国履行联合国安全理事会常任理事国

责任，维护国际和平与安全，维护联合国安全理事会权威与地位。

中华人民共和国支持和参与联合国安全理事会授权的维持和平行动，坚持维持和平行动基本原则，尊重主权国家领土完整与政治独立，保持公平立场。

中华人民共和国维护国际军备控制、裁军与防扩散体系，反对军备竞赛，反对和禁止一切形式的大规模杀伤性武器相关扩散活动，履行相关国际义务，开展防扩散国际合作。

第二十一条　中华人民共和国坚持公平普惠、开放合作、全面协调、创新联动的全球发展观，促进经济、社会、环境协调可持续发展和人的全面发展。

第二十二条　中华人民共和国尊重和保障人权，坚持人权的普遍性原则同本国实际相结合，促进人权全面协调发展，在平等和相互尊重的基础上开展人权领域国际交流与合作，推动国际人权事业健康发展。

第二十三条　中华人民共和国主张世界各国超越国家、民族、文化差异，弘扬和平、发展、公平、正义、民主、自由的全人类共同价值。

第二十四条　中华人民共和国坚持平等、互鉴、对话、包容的文明观，尊重文明多样性，推动不同文明交流对话。

第二十五条　中华人民共和国积极参与全球环境气候治理，加强绿色低碳国际合作，共谋全球生态文明建设，推动构建公平合理、合作共赢的全球环境气候治理体系。

第二十六条 中华人民共和国坚持推进高水平对外开放，发展对外贸易，积极促进和依法保护外商投资，鼓励开展对外投资等对外经济合作，推动共建"一带一路"高质量发展，维护多边贸易体制，反对单边主义和保护主义，推动建设开放型世界经济。

第二十七条 中华人民共和国通过经济、技术、物资、人才、管理等方式开展对外援助，促进发展中国家经济发展和社会进步，增强其自主可持续发展能力，推动国际发展合作。

中华人民共和国开展国际人道主义合作和援助，加强防灾减灾救灾国际合作，协助有关国家应对人道主义紧急状况。

中华人民共和国开展对外援助坚持尊重他国主权，不干涉他国内政，不附加任何政治条件。

第二十八条 中华人民共和国根据发展对外关系的需要，开展教育、科技、文化、卫生、体育、社会、生态、军事、安全、法治等领域交流合作。

第四章　对外关系的制度

第二十九条 国家统筹推进国内法治和涉外法治，加强涉外领域立法，加强涉外法治体系建设。

第三十条　国家依照宪法和法律缔结或者参加条约和协定，善意履行有关条约和协定规定的义务。

国家缔结或者参加的条约和协定不得同宪法相抵触。

第三十一条　国家采取适当措施实施和适用条约和协定。

条约和协定的实施和适用不得损害国家主权、安全和社会公共利益。

第三十二条　国家在遵守国际法基本原则和国际关系基本准则的基础上，加强涉外领域法律法规的实施和适用，并依法采取执法、司法等措施，维护国家主权、安全、发展利益，保护中国公民、组织合法权益。

第三十三条　对于违反国际法和国际关系基本准则，危害中华人民共和国主权、安全、发展利益的行为，中华人民共和国有权采取相应反制和限制措施。

国务院及其部门制定必要的行政法规、部门规章，建立相应工作制度和机制，加强部门协同配合，确定和实施有关反制和限制措施。

依据本条第一款、第二款作出的决定为最终决定。

第三十四条　中华人民共和国在一个中国原则基础上，按照和平共处五项原则同世界各国建立和发展外交关系。

中华人民共和国根据缔结或者参加的条约和协定、国际法基本原则和国际关系基本准则，有权采取变更或者终止外交、领事关系等必要外交行动。

第三十五条 国家采取措施执行联合国安全理事会根据联合国宪章第七章作出的具有约束力的制裁决议和相关措施。

对前款所述制裁决议和措施的执行，由外交部发出通知并予公告。国家有关部门和省、自治区、直辖市人民政府在各自职权范围内采取措施予以执行。

在中国境内的组织和个人应当遵守外交部公告内容和各部门、各地区有关措施，不得从事违反上述制裁决议和措施的行为。

第三十六条 中华人民共和国依据有关法律和缔结或者参加的条约和协定，给予外国外交机构、外国国家官员、国际组织及其官员相应的特权与豁免。

中华人民共和国依据有关法律和缔结或者参加的条约和协定，给予外国国家及其财产豁免。

第三十七条 国家依法采取必要措施，保护中国公民和组织在海外的安全和正当权益，保护国家的海外利益不受威胁和侵害。

国家加强海外利益保护体系、工作机制和能力建设。

第三十八条 中华人民共和国依法保护在中国境内的外国人和外国组织的合法权利和利益。

国家有权准许或者拒绝外国人入境、停留居留，依法对外国组织在境内的活动进行管理。

在中国境内的外国人和外国组织应当遵守中国法律，不得危害中国国家安全、损害社会公共利益、破坏社会公共秩序。

第三十九条　中华人民共和国加强多边双边法治对话，推进对外法治交流合作。

中华人民共和国根据缔结或者参加的条约和协定，或者按照平等互惠原则，同外国、国际组织在执法、司法领域开展国际合作。

国家深化拓展对外执法合作工作机制，完善司法协助体制机制，推进执法、司法领域国际合作。国家加强打击跨国犯罪、反腐败等国际合作。

第五章　发展对外关系的保障

第四十条　国家健全对外工作综合保障体系，增强发展对外关系、维护国家利益的能力。

第四十一条　国家保障对外工作所需经费，建立与发展对外关系需求和国民经济发展水平相适应的经费保障机制。

第四十二条　国家加强对外工作人才队伍建设，采取措施推动做好人才培养、使用、管理、服务、保障等工作。

第四十三条　国家通过多种形式促进社会公众理解和支持对外工作。

第四十四条 国家推进国际传播能力建设，推动世界更好了解和认识中国，促进人类文明交流互鉴。

第六章 附 则

第四十五条 本法自 2023 年 7 月 1 日起施行。

关于《中华人民共和国对外关系法(草案)》的说明

——2022年10月27日在第十三届全国人民代表大会常务委员会第三十七次会议上

全国人大常委会法制工作委员会副主任　武　增

委员长、各位副委员长、秘书长、各位委员：

我受委员长会议委托，作关于《中华人民共和国对外关系法（草案）》的说明。

一、制定对外关系法的必要性和重大意义

党的十八大以来，以习近平同志为核心的党中央统筹中华民族伟大复兴战略全局和世界百年未有之大变局，强调法治是国家核心竞争力的重要内容，明确提出坚持统筹推进国内法治和涉外法治，加强涉外领域立法，加快形成系统完备的涉外法律法规体系，为维护我

国主权安全发展利益、推动构建人类命运共同体提供法治保障。改革开放以来，我国涉外法治建设不断加强，涉外法治体系不断健全，为对外开放提供了重要法治保障。党的十八大以来，涉外领域立法广度和深度大幅拓展，相继制定修改一批重要涉外法律，为扩大对外开放，增进国际交往，维护国家主权、安全、发展利益发挥了重要作用。但是，同国内法治体系相比较，我国涉外法治体系建设还存在一些制度短板和发展弱项。当前，世界百年未有之大变局加速演变，改革发展稳定任务艰巨繁重，对外开放深入推进，必须更好发挥法治固根本、稳预期、利长远的保障作用，加快我国涉外法治体系建设，提高涉外工作法治化水平，有效应对风险挑战，以法律手段更好维护我国主权、安全、发展利益。因此，有必要制定一部基础性、综合性的涉外法律，对我国发展对外关系作出规定，集中阐述我国对外大政方针、立场主张，完善我国对外关系重要法律制度。

（一）制定对外关系法是贯彻落实习近平外交思想，加强党对对外工作集中统一领导的重大举措

习近平外交思想是习近平新时代中国特色社会主义思想的重要组成部分，是新时代我国对外工作的根本遵循和行动指南。制定对外关系法，明确发展对外关系的指导思想，以立法形式贯彻落实习近平外交思想的核心要义、精神实质、丰富内涵和实践要求，使党在对外工作领域的方针政策通过法定程序转化为国家意志，规范

和指导对外工作,服务国内发展大局和对外工作全局。同时,制定对外关系法,明确党中央对对外工作的集中统一领导,规定党和国家机构改革后形成的外事工作领导体制机制,明确各方面职责任务,有利于形成在党中央集中统一领导下的对外交往大协同格局,为新时代对外工作提供坚实法治支撑。

(二)制定对外关系法是加强对外交往、深化对外开放的客观要求

党的十八大以来,以习近平同志为核心的党中央深刻把握新时代中国和世界发展大势,积极顺应经济全球化大势,坚定不移地推动对外开放,积极融入世界,我国对外交往、对外开放的广度和深度得到全面拓展。制定对外关系法,有利于展示我国高举和平、发展、合作、共赢旗帜的负责任大国形象,为我国发展对外关系、促进国际合作提供更多法律遵循,为新时代中国特色大国外交提供更强法治保障。同时,在对外关系领域,以法律形式明确推动构建人类命运共同体,吸收中华文化和中国精神的时代精华,也有助于在涉外法治领域彰显中国风范、中国气派,在全球治理领域提供中国方案、传播中国经验。

(三)制定对外关系法是维护国家主权、安全、发展利益的迫切需要

当前,世界百年未有之大变局加速演变,和平与发展仍然是时代主题。与此同时,世界进入新的动荡变革

期,大国地缘政治博弈、科技和产业制高点竞争、贸易保护主义抬头等挑战和不稳定不确定因素持续增加,国际格局深刻演变,国际规则深度调整,我国经济社会发展面临错综复杂的国际形势。当前形势下,统筹国内国际两个大局、发展安全两件大事,坚持国家利益为重、国内政治优先,结合对外工作实际和国内外立法实践,迫切需要制定对外关系法,针对外国对我干涉、制裁、打压、遏制、渗透、破坏等行径,明确反制、限制性法律规定,维护国家主权、安全、发展利益。

(四)制定对外关系法是加强宪法实施,提高涉外工作法治化水平,完善涉外法治体系的重要举措

宪法是国家的根本法,是治国安邦的总章程,是党和人民意志的集中体现。我国宪法规定了对外关系的基本原则,明确了有关国家机关处理对外关系的职权划分。通过完备的法律保证宪法确立的原则和制度得到落实,是宪法实施的重要途径。制定对外关系法,将上述宪法规定在法律中进一步具体落实,有利于加强宪法涉外领域相关规定的实施。同时,制定对外关系法,将新中国成立以来我国对外工作长期坚持的大政方针、成熟稳定的理念实践以法律形式固定下来,明确对外关系领域的基本原则、基本理念、基本制度,对于进一步完善涉外法律法规体系,提升我国涉外法治建设水平,推动国家治理体系和治理能力的现代化,具有重要而深远的意义。

二、制定对外关系法的指导思想、遵循的原则和主要过程

制定对外关系法坚持以习近平新时代中国特色社会主义思想为指导，深入贯彻习近平外交思想和习近平法治思想，全面贯彻党的二十大精神，坚持统筹国内国际两个大局、发展安全两件大事，恪守维护世界和平、促进共同发展的外交政策宗旨，推动构建人类命运共同体，建设新型国际关系，更好体现我国对外大政方针和立场主张，坚持总体国家安全观，维护国家主权、安全、发展利益，完善涉外法治体系，提高对外工作法治化水平，为实现全面建成社会主义现代化强国的第二个百年奋斗目标、实现中华民族伟大复兴的中国梦营造良好外部环境，提供坚强法律支撑。

制定对外关系法遵循的原则是：一是坚持党的领导。坚持党总揽全局、协调各方的领导核心作用，贯彻落实党中央的决策部署，使党在对外工作领域的方针政策通过法定程序转化为国家意志，服务国内发展大局和对外工作全局。二是坚持把准定位。对外关系法作为对外工作基础性、综合性法律，重在明确我国对外工作具有指导意义、普遍意义的思想、方针、原则，为其他涉外法律提供授权和指引，做好配套衔接，留足接口。三是坚持问题导向。对涉外立法中一些根本性问题和亟待解决的问题作出规定，统筹把握合作与斗争、奖励与惩罚、反制与限制等关系，坚持鼓励、支持、保护性规定同抵制、反制性规定并重。四是坚持立足当前,着眼长远。既要高质量高水平回应和解决当下涉外立法诉求,又要兼顾稳定性前瞻性,充分考虑所涉条款的延续性。五是坚持系统观念。坚持原则性与灵活性相统一,妥善把握国内与国际、政治与法治、外交与法律等辩证统一关系,发挥好法律的宣示作用和规范引导作用。

根据党中央决策部署,2021年10月,中央外办牵头会同外交部、全国人大常委会法工委、中央依法治国办、最高人民法院、公安部、国家安全部、司法部、商务部等单位成立立法工作领导小组和工作专班,开展研究起草工作。一是深入学习领会习近平新时代中国特色社会主义思想特别是习近平外交思想、习近平法治思想,深入学习领会习近平总书记关于加强涉外领域立法的重要论述。二是深入调查研究。梳理党章和党中央有关文件、文献中关于对外工作的重要论述和要求,梳理宪法和我国专门涉外法律、有关法律中的涉外规定,进行深入研究。请有关学术机构和高等院校等梳理国外立法的情况。三是坚持民主立法。邀请有关专家学者参与起草工作,听取意见建议。加强与有关部门的沟通协商。在此基础上,形成对外关系法(草案)。根据党中央有关精神,9月9日,中央外办致函全国人大常委会办公厅,将对外关系法草案及有关文件送来,建议由委员长会议提请全国人大常委会审议。据此,法制工作委员会起草了拟提请全国人大常委会审议的议案、法律草案和说明等文件稿。按照立法法的规定，经委员长会议审议，决定将对外关系法（草案）提请本次常委会会议审议。

三、对外关系法（草案）的主要内容

对外关系法（草案）共6章、44条。主要内容有：

（一）关于总则

总则部分主要是纲领性、概括性规定。一是明确发展对外关系的指导思想。规定中华人民共和国坚持以马克思列宁主义、毛泽东思想、邓小平理论、"三个代表"重要思想、科学发展观、习近平新时代中国特色社会主义思想为指导，发展对外关系，促进友好交往。二是明确发展对外关系的基本原则。包括坚持独立自主的和平外交政策、坚持和平共处五项原则、坚持和平发展道路、坚持对外开放基本国策和互利共赢开放战略、推动建设新型国际关系、推动构建人类命运共同体、遵守联合国宪章宗旨和原则、维护世界和平与安全等原则。三是明确坚持党的领导。规定对外工作坚持中国共产党的集中统一领导，明确中央外事工作领导机构的职责。

（二）关于对外关系的职权

根据宪法及相关法律规定，对相关主体在对外关系中的职权作出规定。一是对国家机关开展对外工作的职权分别作出原则性规定。二是明确驻外外交机构的职责。三是明确省、自治区、直辖市在中央授权范围内开展对外交流合作。

(三) 关于发展对外关系的目标任务

新中国成立以来,对外工作形成一系列富有中国特色的方针政策,特别是党的十八大以来,我国对外工作取得历史性、开创性成就,我国长期以来坚持的对外方针政策亟需以法律形式固定下来。一是明确我国发展对外关系的目标。包括坚持维护中国特色社会主义制度,维护国家主权、统一和领土完整,服务国家经济和社会发展。二是明确我国对外工作布局,推进大国协调与合作,发展同周边国家、发展中国家关系,参与全球治理体系改革和建设。三是明确我国维护以联合国为核心的国际体系,维护以国际法为基础的国际秩序,维护以联合国宪章宗旨和原则为基础的国际关系基本准则。四是明确我国坚持的全球安全观和发展观;明确尊重和保障人权,在平等和相互尊重的基础上开展人权领域交流与合作;弘扬全人类共同价值,尊重文明多样性。同时,草案还对我国参与全球环境气候治理、开展对外经济合作、开展对外援助等作了原则规定。

(四) 关于对外关系的法律制度

贯彻党中央关于坚持统筹推进国内法治和涉外法治、加快形成系统完备的涉外法律法规体系的精神和要求。一是明确国家统筹推进国内法治和涉外法治,加强涉外领域立法,加强涉外法治体系建设。二是明确国家依照宪法和法律缔结或者参加条约和协定,善意履行有关条约和协定规定的义务。国家缔结或者参加的条约和协定不得同宪法相抵触。三是明确国家在遵守国际法基本原则和国际关系基本准则的基础上,加强涉外领域法律法规的实施和适用,并依法采取执法、司法、行政措施,维护国家主权、安全、发展利益,保护中国公民、组织合法权益。四是明确对于违反国际法和国际关系基本准则,危害我国主权、安全、发展利益的行为,我国有权依法采取必要反制和限制措施。五是明确国家采取措施执行联合国安理会制裁决议。六是明确我国依据有关法律法规和缔结或者参加的条约和协定给予外国国家、国际组织及官员和代表相应的特权与豁免。同时,草案对保护中国公民、组织在国外的安全和正当权益,保护国家的海外利益,保护在中国境内的外国人和组织的合法权利和利益,开展对外执法、司法合作等作了规定。

(五)关于发展对外关系的能力建设和保障

发展对外关系、开展对外工作需要相关综合保障体系建设,草案规定,国家保障对外工作所需经费,培养、使用、管理、保障对外工作专门人才,通过多种形式促进社会公众对对外工作的理解和支持,推进国际传播能力建设,推动世界更好了解和认识中国,促进人类文明交流互鉴。

对外关系法草案和以上说明是否妥当,请审议。

全国人民代表大会宪法和法律委员会关于《中华人民共和国对外关系法(草案)》审议结果的报告

全国人民代表大会常务委员会:

十三届全国人大常委会第三十七次会议对对外关系法草案进行了初次审议。常委会初次审议后,法制工作委员会将草案印发各省(区、市)、中央有关部门、基层立法联系点和部分高等院校、法学研究机构等征求意见,在中国人大网全文公布草案,征求社会公众意见。宪法和法律委员会、法制工作委员会召开座谈会,听取中央有关部门和专家学者的意见,并赴地方进行调研。各方面普遍赞成制定对外关系法,认为草案贯彻落实习近平外交思想、习近平法治思想,体现党对对外工作集中统一领导,有利于维护国家主权、安全、发展利益,有利于加强对外交往、推进高水平对外开放，有利于加强宪法实施、提高涉外工作法治化水平。草案较好地总结和反映新中国对外工作的成功经验和实践做法，总体上是成熟可行的，建议作进一步修改完善后及早出台。宪法和法律委员会于5月26日召开会议，根据常委会组成人员的审议意见和有关方面的意见，对草案进行了逐条审议。中央外事工作委员会办公室、外交部、全国人大外事委员会有关负责同志列席了会议。6月19日，宪法和法律委员会召开会议，再次进行了审议。宪法和法律委员会认为，为了发展对外关系，促进对外友好交往，维护国家主权、安全、发展利益，制定对外关系法是必要的；草案经过审议修改，已经比较成熟。同时，提出以下主要修改意见：

一、有的常委委员、有关部门、专家学者提出，党的二十大报告对发展对外关系作出新部署新要求，建议按照党的二十大精神对草案有关条款的表述作进一步完善。宪法和法律委员会经研究，建议在立法目的中增加"促进世界和平与发展"、在发展对外关系的原则中增加"尊重各国人民自主选择的发展道路和社会制度"、在发展对外关系的目标任务中增加"坚持推进高水平对外开放"等内容。

二、有的常委委员、有关部门、专家学者提出，民间外交是我国发展对外关系的重要组成部分，日益成为增强人民友谊、稳定国家关系、促进文明对话的重要渠道和宽广舞台，建议增加鼓励支持民间外交的相关内容。宪法和法律委员会经研究，建议在草案第八条增加一款规定，"国家鼓励积极开展民间对外友好交流合作"。

三、有的常委委员提出，全球自然灾害频发，各国都面临着防灾减灾救灾的压力和挑战，明确加强国际合作，有助于提升国际社会共同应对自然灾害的能力，推动构建人类命运共同体，建议增加相关内容。宪法和法律委员会经研究，建议在草案第二十七条第二款中增加规定"加强防灾减灾救灾国际合作"。

四、有的常委委员、有关部门、专家学者提出，应当加强生态、文化领域的国际交流合作，建议在草案第二十八条中增加相关内容。宪法和法律委员会经研究，建议采纳这一意见。

五、有的常委委员提出，草案第三十六条规定中华人民共和国依据有关法律法规和缔结或者参加的条约和协定给予外国国家、国际组织及官员和代表相应的特权与豁免，没有对外交特权与豁免、领事特权与豁免、外国国家豁免等不同情形予以必要的区分，笼统规定不很确切，建议作出进一步修改完善。宪法和法律委员会经研究，建议将这一条分为两款，规定："中华人民共和国依据有关法律和缔结或者参加的条约和协定，给予外国外交机构、外国国家官员、国际组织及其官员相应的特权与豁免。""中华人民共和国依据有关法律和缔结或者参加的条约和协定,给予外国国家及其财产豁免。"

此外,还对草案作了一些文字修改。

6月12日,法制工作委员会召开会议,邀请国际法、国际关系领域专家学者就草案中主要制度规范的可行性、法律出台时机等进行评估。大家普遍认为,草案将我国对外工作长期坚持的大政方针转化为法律规定,内容全面、结构合理,主要制度规范是可行的;草案充分吸收了各方面意见,已经比较成熟,建议尽快审议通过。与会人员还提出了一些具体修改意见,有的意见已经采纳。

草案二次审议稿已按上述意见作了修改,宪法和法律委员会建议提请本次常委会会议审议通过。

草案二次审议稿和以上报告是否妥当,请审议。

全国人民代表大会宪法和法律委员会
2023年6月26日

全国人民代表大会宪法和法律委员会关于《中华人民共和国对外关系法(草案二次审议稿)》修改意见的报告

全国人民代表大会常务委员会：

　　本次常委会会议于6月26日下午对对外关系法草案二次审议稿进行了分组审议。普遍认为，草案已经比较成熟，建议进一步修改后，提请本次常委会会议表决通过。同时，有些常委会组成人员和列席人员还提出了一些修改意见和建议。宪法和法律委员会于6月26日晚召开会议，逐条研究了常委会组成人员和列席人员的审议意见，对草案进行了审议。中央外事工作委员会办公室、外交部、全国人大外事委员会有关负责同志列席了会议。宪法和法律委员会认为，草案是可行的，同时，提出以下修改意见：

一、有的常委委员提出，草案第三十三条规定的反制和限制措施是国家行为，建议明确依据本条规定作出的相关决定为最终决定。反外国制裁法也有这样的规定。宪法和法律委员会经研究，建议增加一款规定："依据本条第一款、第二款作出的决定为最终决定"。

二、有的常委委员建议，在草案第三十七条第二款中增加加强海外利益保护能力建设的内容。宪法和法律委员会经研究，建议将这一款修改为"国家加强海外利益保护体系、工作机制和能力建设"。

三、有的专委会委员建议，在草案第四十二条中增加加强对外工作人才队伍建设的内容。宪法和法律委员会经研究，建议将这一条修改为"国家加强对外工作人才队伍建设，采取措施推动做好人才培养、使用、管理、服务、保障等工作"。

经与有关方面研究，建议将本法的施行时间确定为2023年7月1日。

此外，根据常委会组成人员的审议意见，还对草案二次审议稿作了一些文字修改。

草案修改稿已按上述意见作了修改，宪法和法律委员会建议本次常委会会议审议通过。

草案修改稿和以上报告是否妥当，请审议。

全国人民代表大会宪法和法律委员会
2023年6月28日